AF281585

Herstellung und Verlag:
Books on Demand GmbH, Norderstedt
ISBN 978-3-8391-0901-4

Der Soldat Hartung

Aus der Zeit der
Napoleonischen Kriege

(Großdruck)

Ergänzt und kommentiert von
Max Freiherr von Oppenheim
(1860 - 1946)

Erstellt von
Torsten Jonentz

Vorwort

Diese Geschichte, die so nur das Leben schreiben kann, hatte sich zur Zeit der Napoleonischen Kriege tatsächlich zugetragen.

Es handelt sich um einen Tatsachenbericht, der nicht nur unterhaltsam, spannend und lehrreich, sondern zudem auch historisch wertvoll ist.

Der Archäologe, Orient-Wissenschaftler und Diplomat Max Freiherr von Oppenheim (1860 - 1946), ergänzte und kommentierte diese Ereignisse in seiner unveröffentlichten Familienchronik.

Die Ortsnamen wurden zum Teil ins Französische übersetzt, oder phonetisch niedergeschrieben.

Aus historisch–linguistischen Gründen wurde die alte deutsche Schreibweise beibehalten.

Die Erklärungen und Übersetzungen befinden sich auf den letzten Seiten.

Bis zum Eintritt in das französische Heer am
3. Dezember 1803.

In meinem achten Lebensjahr zum geistlichen Stande bestimmt, erhielt ich bei der Krönung des Kaisers Franz II. zu Frankfurt a.M. am 14.Juli 1792 die Präbende(1) eines Kanonikus(2) in Mayen(3).

Ich wurde gemeinschaftlich mit meinen Geschwistern zuerst von meinem Vater und dann bis zu meinem 17.Lebensjahre von Hauslehrern und Professoren unterrichtet. Mein Vater legte viel Wert auf eine gründliche wissenschaftliche Bildung und gute gesellschaftliche Formen. Da mir jede Neigung zum geistlichen Beruf fehlte, wurde ich zum Kaufmannsstande bestimmt. Nur mit Widerwillen folgte ich dieser Anordnung. Meine ganze Seele hing am Soldatenstande.

Die glänzenden Waffentaten des jugendlichen Napoleon in Ägypten und Italien, sein Zug über den St.Bernhard, haben eine lebhafte Bewunderung des Mannes in mir hervorgerufen. Mit wahrem Heißhunger verschlangen wir, meine Brüder und ich, die Erzählungen der französischen Soldaten, die im Schlosse einquartiert waren. Wir brachen in Tränen aus, wenn wir vernahmen, wie gut Napoleon gegen seine Leute war, mit denen er den letzten Bissen teilte, wie er für die Verwundeten sorgte, und wie seine Soldaten mit Freude für ihn zu sterben bereit waren. Für mich gab es nichts Höheres, als unter ihm kämpfen zu dürfen. Mein Vater untersagte mir, was ich bei seiner Abneigung gegen alles Französische voraussehen mußte, meiner Lieblingsneigung nachzugeben und Soldat zu werden.

Im Jahre 1801 trat ich zu Köln in dem Handlungshause des Herren Sebastian Finck – (Firma Sebastian Stüssgen) als Lehrling ein. Trotzdem mir die Erde des Kontors und das Innehalten der bestimmten Arbeitsstunden wenig zusagte, bemühte ich mich, meine Pflichten gewissenhaft zu erfüllen und so gelang es mir, die Liebe und das Vertrauen meines Prinzipals und die Achtung der Kontoristen zu erwerben. Insbesondere war ein Vorfall, den ich hier erwähnen muß, nicht ohne Einfluß auf meine ganze Stellung im Handlungshause.

In den großen Kaufmannshäusern zu Köln war es gebräuchlich, daß der jüngste Lehrling mittags bei Tisch beim Auftragen des Bratens sich entfernte. Dies war das Zeichen für die übrigen Kontoristen, daß sie sich aus der vor ihnen stehenden

Flasche ein Glas Wein einschenken durften. Diese Regel wurde mir von den früher eingetretenen Kollegen zur besonderen Befolgung mitgeteilt. Ich erwiderte ihnen kurz, bei meinem Vater wäre ich eine solche Behandlung nicht gewöhnt gewesen, ich hätte den Tisch vor Beendigung der Mahlzeit nicht verlassen dürfen. Auch jetzt würde ich nicht allein aufstehen und mich vor ihnen nicht entfernen. Als nun beim Mittagstisch der Braten aufgetragen wurde, stießen mich meine Kollegen an und gaben mir deutliche Zeichen zum Aufstehen. Ihre Winke beachtete ich indes nicht, blieb sitzen, nahm mir ein Stück Braten und schenkte mir obendrein ein Glas Wein ein. Herr Finck blickte mich anfangs etwas verwundert, doch nicht unfreundlich an, und das Ungeheure war geschehen. Ich hatte mich hierdurch bei meinen Kollegen in Respekt gesetzt und eine starke Faust lehrte das Übrige.

Vom Eintritt ins französische Heer bis zur Gefangennahme
3. November 1812.

Im Jahre 1803, im Monat November, zog das französische Chasseur–Regiment(4), bei welchem mein Freund Vacano aus Koblenz stand, durch Köln. Beim Anblick dieser prächtigen Truppen konnte ich meinem Drang, Soldat zu werden, nicht mehr widerstehen. Ich packte meine Sachen zusammen, verließ heimlich Köln und fuhr direkt nach Paris. Hier hatte ich Gelegenheit, den Oberst Montbrun, welcher das 1. Regiment de Chasseur à cheval(5) kommandierte, zu sehen. Ich meldete mich sofort bei ihm und wurde, da der Oberst meine Lust zum Soldatenstande erkannte, auch angenommen. Er nahm mich mit nach Bruges(6). Hier standen die Schwadronen des Regiments.

Am 3. Dezember 1803 wurde ich inrolliert(7). Ich zahlte mein Bienvenue(8) dadurch, daß ich den Soldaten der Eskadron(9), welcher ich zugeteilt war, eine doppelte Portion Fleisch in den Topf steckte und den Mann eine Flasche Bier verbrauchen ließ. Eine Woche später wurde ich mit einem Trupp Rekruten und Remontepferden(10) nach dem acht Stunden von Bruges gelegenen Depot des Regiments geschickt, um meine Ausbildung zu bewirken. Ich trug bei meiner Ankunft bessere Kleider als die anderen Rekruten und zeichnete mich auch sonst – etwas wenigstens – von diesen aus. Bei der Zuweisung der Rekruten an die alten Soldaten bemerkte ein alter Brigadier – David – dem Premierleutnant gegenüber auf mich zeigend: "Ce jeune homme parait être de bonne familie."(11) Ich erhielt deshalb ein eigenes Bett und einen kleinen Bau für meinen Koffer, die anderen Soldaten mußten zu mehreren in einem Bett schlafen. Der Brigadier bestellte mich darauf zu sich, und ich fand dort noch drei andere Kameraden, ebenso alte Schnauzbärte, welche sich auf meine Rechnung fünf Flaschen Bier und fünf Portionen Bayonnerschinken gut schmecken ließen. Sie luden mich freundlich ein, an der Mahlzeit teilzunehmen.

Der Zweck unseres Aufenthaltes in Bruges war, die Nordküste von Frankreich und Holland gegen die Engländer zu verteidigen. Die Engländer versuchten, Verteidigungsmaßregeln zu vereiteln und die Befestigungen zu vernichten, wurden aber von den Franzosen hieran gehindert und im Jahre 1804 bei Boulogne und Ambleteuse(12) zurückgeschlagen. Selbst der große Seeheld Nelson vermochte unseren Widerstand nicht zu brechen. In diesen Kämpfen habe ich die Feuertaufe empfangen. Zu größeren Schlachten ist es hier nicht gekommen. Die Zeit brachten wir vielfach durch lange Märsche an der Küste zu. Ich hoffte, besonders nachdem Napoleon 1804 zum Kaiser der Franzosen gekrönt worden war, daß wir bald in England eindringen könnten und brannte vor Begierde, dort meine ersten Lorbeeren zu pflücken. Doch es sollte anders kommen.

Der Kaiser beschloß, schleunigst Österreich anzugreifen. Im September 1805 brach unser Regiment unter dem Oberbefehl des Marschalls Davout – drei Armeekorps – von Ambleteuse auf, marschierte über Lille, Luxemburg, Saarlouis bis Mannheim. Wir bildeten die Avantgarde. In Mannheim sah ich nach meiner Abreise von Köln zum ersten Male den Rhein wieder. Es ergriff mich ein wunderbares Weh, eine starke Sehnsucht nach meinem Vater und meinen Geschwistern, ein Gefühl, welches mir vordem ganz unbekannt gewesen. Im Geiste sah ich meinen Vater mit den guten blauen Augen vor mir stehen, als wenn er mich von den Überschreiten des Rheinstromes abhalten wollte. Meinen Dienst unter der Trikolore hatte er mir gewiß nicht verziehen.

Bald lagen die Ruinen des Heidelberger Schlosses vor mir. Ich erinnerte mich der Vorträge meines Hauslehrers auf dem Schloß zu Mayen über dieses wunderbare Bauwerk und über die Renaissance, über die rohe Zerstörung des Prachtbaues durch französische Truppen. Ich fing an, etwas wie Reue zu empfinden, weil ich dem ausgesprochenen Willen meines Vaters entgegen in demselben Heere Dienst genommen hatte, welches meinen Landesherren, den Dienstherrn meines Vaters, verjagt, welches meinem Vaterlande so manche Wunde geschlagen und dieses herrliche Schloß zerstört hatte. Es erfüllte mich mit Abscheu, in einem Kriege gegen ein Volk mitzuwirken, das mit mir dieselbe Sprache redet, und beizutragen zur Zerstörung so vielen Familienglückes. Beim weiteren Vorrücken verschwanden indes diese düsteren Gedanken. War es doch ein stolzes Gefühl, an der Spitze der großen Armee unter den Augen des mächtigen siegreichen Kaisers und seiner glänzenden Marschälle dem Feinde entgegen zu reiten. Die Pflicht des Gehorsams gegen meinen Vater vermochte diese Begeisterung nicht mehr zu unterdrücken.

Auch war ich jetzt Untertan des Kaisers. Seit dem Lüneviller Frieden – 9.Februar 1801 – stand das linke Rheinufer und mit ihm meine Vaterstadt Mayen unter französischer Herrschaft. Schon einige Jahre vorher hatten französische Truppen meine Heimat tatsächlich in Besitz genommen. Ich war also nunmehr Franzose. Mein früherer Landesherr, der Kurfürst von Trier, hatte sein Land an Frankreich verloren. Eine kräftige Hand hatte dem Viel- und Kleinstaatenwesen auf dem linken Rheinufer mit einem Schlage ein Ende bereitet. Die Fürsten und Bischöfe mit ihren zersplitterten Besitzungen, deren wenige und kaum geschulte Truppen den Volksheeren der französischen Republik nicht widerstehen konnte, waren verschwunden. Im Kampfe für Frankreich erfüllte ich demgemäß nur eine patriotische Pflicht.

Am 6. Oktober 1805 erreichten wir zu Neuburg die Donau. Wir suchten nun die Österreicher schleunigst zu fassen. Ich hatte das Glück, in den ruhmreichen Schlachten von Ulm und Austerlitz(13) mitzukämpfen. Unser Regiment wurde wegen seiner Tapferkeit und seiner Erfolge in den Bulletins(14) der großen Armee ausdrücklich gelobt. Bei Austerlitz erhielt ich einen Bajonettstich in die linke Brust. Nach dem Frieden zu Preßburg am 26. Dezember 1805 blieben wir in Bayern. Der Kaiser hatte eingesehen, daß dieser Friede nur von kurzer Dauer sein konnte, und es kam ihm vor allem darauf an, möglichst schnell Preußen, welcher Staat sich mit den Russen und Engländern zu verbinden drohte, anzugreifen. Unser Regiment zog nun von Bamberg nördlich gegen die Saale.

Am 13.Oktober 1806 hatten die Preußen ihr Hauptquartier bei Auerstädt(15). An dem genannten Tage griff Davout mit starker Truppenmacht an. Dichter Nebel hüllte die ganze Gegend ein. Plötzlich sahen wir uns den stolzen preußischen Reitern gegenüber. Die Chasseure zeigten Wunder der Tapferkeit. Die Preußen konnten nicht widerstehen. Stark lichteten sich unsere Reihen. Bei der Verfolgung machten wir zahlreiche Gefangene. Ohne ernsten Widerstand zu finden, passierten wir Elbe und Oder und gelangten über Posen(16) an die Weichsel. Nachdem wir die Weichsel überschritten hatten, erzwang Davout in einer Dezembernacht von den Russen den Übergang über den Bug(17). In diesem Nachtgefechte brachten wir den Russen bedeutende Verluste bei. Das weitere Vordringen und die Verfolgung der Russen war sehr schwierig. Der gefrorene Boden war bald glatt, bald durch plötzlich eintretendes Tauwetter in einen tiefen Morast umgewandelt. Im Kot blieben die Pferde stecken. Es fehlte uns bei der großen Kälte an Mänteln. Weder Hafer noch Brot war vorhanden. Tage lang hatten wir nichts zu essen. Wir hatten kein Holz, um Feuer anzuzünden. Gerätschaften zum Beschlagen der Pferde und zum Ausbessern fanden sich nirgends vor. Das Land selbst war sehr arm. Die Proviantwagen konnten nicht vorwärts und blieben deshalb aus. Dazu kamen die langen dunklen Winternächte.

Endlich erreichten wir bei Pultusk und Golymin(18) die Russen. Nach heftigem Gefechte räumten sie unter dem Schutze der Dunkelheit das Schlachtfeld. Auch hier wurde dem 1. Chasseurregiment uneingeschränktes Lob erteilt. In diesem Winterfeldzuge hatte unser Regiment stark gelitten. Kaum die Hälfte der Mannschaft und der Pferde war noch vorhanden. Viele

Offiziere waren tot oder lagen verwundet in den Lazaretten. Unsere Kleider befanden sich in einem jammervollen Zustande. Der Kaiser ließ uns deshalb die Winterquartiere beziehen. Wir wurden nun täglich von Kosaken beunruhigt, welche uns jedoch keine Verluste beibrachten.

Schon nach einigen Wochen begann der Feldzug von neuem. Wir rückten nach Norden vor und trafen am 6. Februar 1807 bei Heilsberg i.Ostpreußen(19) mit den Russen zusammen, die wir verdrängten. In Pr.Eylau(20) sammelten sich die Heere der Russen und Preußen. Das 1. Chasseur-regiment unter dem Oberbefehle des Generals Naculas bildete wieder die Avantgarde des Armeekorps Davout.

Wir brachen des Morgens lange vor Sonnenaufgang gegen Eylau auf. Der Boden war glatt. Heftiges Schneegestöber erschwerte den Angriff, zumal da uns der Schnee in das Gesicht getrieben wurde.

Dabei war es bitter kalt. Wir hielten meistens in kleinen Trupps kämpfend den russischen Reitern unter großen Verlusten bis zu Ende der zweitägigen Schlacht stand. Ich selbst erhielt zwei Verletzungen, am 7. Februar einen Säbelhieb über den linken Daumen, der mich am weiteren Einhauen nicht hinderte, und am 8. einen Bajonettstich in die linke Brust. Bevor wir zu neuen Taten schreiten sollten, mußten die Lücken in unseren Reihen von Menschen und Pferden ausgefüllt werden. Auch wurden neue Kleider angeschafft und für bessere Verpflegung gesorgt. Am 13.und 14. Juni 1807 war ich soweit wieder hergestellt, daß ich an der Schlacht bei Friedland(21) teilnehmen konnte. Nach dem Frieden zu Tilsit blieb unser Regiment bis zum September 1808 zwischen Oder und Weichsel in der Gegend von Sieradz(22).

Anfangs des Jahres 1809 nahmen wir Quartier an der österreichischen Grenze, um bereit zu sein, schnell in Österreich einzufallen. Unser Regimentskommandeur war Oberst Meda. Wir griffen zunächst den Feind nicht in seinem eigenen Lande an, sondern wir wandten uns südlich nach Bayern. Meine Kenntnis der deutschen Sprache kam uns allen hier gut zustatten.

In den ersten Tagen des Monats April 1809 wurde von den Österreichern unsern Vorposten die Kriegserklärung überreicht. Schon einige Tage später erreichte meine Schwadron den Feind bei Amberg(23). Es wurde lange und heiß an mehreren Tagen gekämpft, vielfach im dichtesten Knäuel. Schließlich mußten wir der Übermacht weichen. Wir richteten unsern Marsch weiter nach Süden und gelangten noch rechtzeitig nach Landshut, um an der Schlacht und an der Verfolgung der

Österreicher, die in großer Unordnung auf die Isarbrücke sich drängten, teilzunehmen. Jetzt bildeten wir wieder die Avantgarde und folgten, fröhlich von unseren Pferden herabschauend, dem Klange der Trompete nach Böhmen hinein. Bei Neumark und einige Tage später bei Ebersberg am 3.Mai 1809 schlugen wir uns mit den Österreichern, denen wir stets dicht auf den Fersen waren. Wir rückten in Ungarn ein und jagten wiederholt die Reiter der ungarischen Insurrektion(24) auseinander. Bei Raab(25) am 17.Juni kam es zur Schlacht. Nach kurzem, aber heftigem Kampfe wurden die Österreicher, denen sich die Truppen der Insurrektion angeschlossen hatten, geschlagen. Der ruhige und unerschrockene Angriff unseres Regiments unter heftigem feindlichen Artilleriefeuer hat die Niederlage des linken Flügels der Österreicher herbeigeführt. Ich erhielt nach der Schlacht das Kreuz der Ehrenlegion.

Von Raab begaben wir uns, vereinigt mit der Armee des Vizekönigs von Italien wieder zurück zur Donau und überschritten diesen Strom unter Hagel und furchtbarem Sturm in der Nacht zum 5. Juli 1809 bei Lobau(26). Unter dieses Getöse mengte sich der Donner der Geschütze, deren Aufblitzen das düstere nächtliche Bild schaudervoll erleuchtete. Am anderen Tage, bei Wagram(27) sausten wir in gewaltigen Reitermassen auf den Feind, den wir nach heißem Ringen schließlich zurückwarfen. Auf beiden Seiten hielt der Tod reiche Ernte. Auch ich wurde in diesem Kampf durch einen Pistolenschuß in den rechten Schenkel verwundet. Ich avancierte mit Überspringung des Grades eines Seconde–Lieutenants vom Adjutant-Sousoffizier zum Premier-Lieutenant, weil ich mich im Handgemenge ausgezeichnet hatte. Nach dem Friedensschluß blieb unser Regiment kurze Zeit in Ansbach. Wir sollten dann nach Holland marschieren, erhielten aber Befehl, Quartier in Bruges zu nehmen. Ende November 1810 kehrten wir nach Deutschland zurück und hatten zunächst die Aufgabe, am Niederrhein und an der Ems den Schmuggel zu verhüten und besonders auf die Einführung englischer Waren achtzugeben. Später wurden wir dem Observationskorps der Elbe zugeteilt.

Mittlerweile hatten sich die Verhältnisse zwischen Rußland und Frankreich immer mehr zugespitzt. Der Krieg konnte nicht ausbleiben. Anfang des Jahres 1812 begann unser Vormarsch an die Oder und weiter östlich nach Posen. Wir waren wieder dem Marschall Davout unterstellt und gehörten zum Zentrum der großen Armee,deren Avantgarde wir bildeten. Am 23.Juni überschritten wir den Niemen(28). Stets zogen sich die Russen zurück, alles Land hinter sich verwüstend. Es fehlte uns deshalb an Nahrung, den Pferden an Futter. Die Dörfer waren leer. In unseren Reihen wütete furchtbar die Ruhr. Ende Juli stießen wir bei Mohilef(29) auf eine Abteilung Russen, die nach kurzer Gegenwehr vertrieben wurde. Nach einigen kleinen Gefechten bei Villno, Dompraine und Lady hielt bei Smolensk(30) der Feind endlich stand. Am 16.August kam es zu der langersehnten Schlacht. Einige Tage vorher war ich zum Adjutant-Major befördert worden. Wir griffen die leichten russischen Reiter an, die wir zum Rückzuge zwangen. In der Nacht brannte die unglückliche Stadt, welche die Russen vor ihren Abzuge angezündet hatten. Schon während der

Schlacht war an einzelnen Stellen Feuer entstanden. Viele Einwohner verloren das Leben. Wir sahen überall dunkle Rauchwolken aufsteigen, zwischen denen die Flammen hoch aufzüngelten. In den Straßen lagen Tausende von Verwundeten, welche teils unter den Trümmern der Gebäude begraben wurden, teils in den Flammen einen qualvollen Tod fanden. Das Krachen der zusammengestürzten Gebäude unterbrach das Stöhnen der Sterbenden. Bei den Verfolgungen wurden wir von Kosaken, die überall und nirgend waren, stark belästigt.

Am 5. September 1812 erreichten wir Borodino-Moskowa(31), wo die Russen in stark befestigter Stellung uns erwarteten. Unserem Regiment fiel die Aufgabe zu, gemeinschaftlich mit Murats Reitern die feindliche Kavallerie anzugreifen und der

Infanterie und Artillerie den Weg freizumachen. Wir überwanden die Schwierigkeiten des Terrains und bemächtigten uns der Höhen. Ich erhielt einen Pistolenschuß durch die rechte Schulter. An der Verfolgung des Feindes und dem weiteren Vormarsch auf Moskau konnte ich nicht teilnehmen. Ich mußte in Borodino zurückbleiben. Trotzdem der Kaiser selbst mehrere Tage seine ganze Aufmerksamkeit auf die Pflege der Verwundeten verwendete, konnte bei deren Menge von einer ordnungsmäßigen Verpflegung nicht die Rede sein. Es fehlte an Verbandzeug, an Nahrung, an Arznei und Stroh. Nur wenige konnten Obdach finden, die meisten gingen elend zugrunde. Dank meiner eisernen Gesundheit vermochte ich den Folgen der Verwundung Widerstand zu leisten. Nur langsam erholte ich mich. Ende Oktober erschien mit den Trümmern der großen Armee der Kaiser auf dem Rückzuge von Moskau auf dem Schlachtfelde von Borodino. Ich war soweit wieder hergestellt, wenn auch nicht vollständig genesen, daß ich mich der Armee anschließen konnte. Und ich tat es gerne. Wir wurden auf dem Rückmarsch ununterbrochen von Kosaken umschwärmt, wodurch das Fouragieren(32) unmöglich wurde. Ruhe gab es nicht mehr. Da ich durch die Verwundung an jeder freien Bewegung gehindert war, geriet ich schon am 3. November 1812 zwischen Dorogobaz und Wiasma(33) in die Hände der Russen. Ich war gefangen.

Von der Gefangennahme bis zum Abschied aus französischen Diensten

1. Dezember 1815.

Im Februar 1813 bestellte mich der russische Gouverneur zu sich und trug mir die Stelle als Rittmeister in der damals auf Betreiben des zu Petersburg weilenden Reichsfreiherrn von Stein sich formierenden russisch- deutschen Legion an. Er meinte, als Deutscher müsse ich sehr froh sein, diese Gelegenheit ergreifen zu können, mitzuwirken, um das verhaßte französische Joch abzuschütteln. Ich dankte dem Herrn Gouverneur für sein gütiges Anerbieten. Als Grund meiner Ablehnung gab ich an, daß ich auf dem linken Rheinufer geboren sei, welches mit Zustimmung sämtlicher Mächte dem französischen Staat seit 16 Jahren einverleibt sei, und daß ich meinen Eid als Soldat nicht verletzen dürfe.

Als ich später, anfangs des Jahres 1814, nachdem sich mein Vaterland dem großen Bunde angeschlossen hatte und allen Deutschen auf Verlangen ihrer Höfe die Freiheit gegeben worden war, wiederholt um Auslieferung aus der Gefangenschaft bat, wurde mir jedesmal von dem Herrn Gouverneur Bemerkt: "Sie sind auf dem linken Rheinufer geboren, wenn die Franzosen ausgeliefert werden, kommen Sie auch daran."

Erst im Oktober 1814 wurde ich entlassen und in welchem Zustande! In zerrissenen Kleidern, ohne Schuhe an den Füßen und voll Ungeziefer erschien ich meiner Vaterstadt Mayen. Hier erhielt ich die schmerzliche Kunde von dem im Jahre 1812 erfolgten Tode meines Vaters und einzigen Bruders David Hartung. Meine Schwester hatte sich inzwischen verheiratet mit dem Steinbruchbesitzer J. Host zu Andernach. Das Schloß war nach erfolgter Einziehung vom Staate an Bürger in Mayen verkauft. Ich kehrte nach Paris zurück und trat am 3. November 1814 als Rittmeister wieder in mein altes Regiment ein, welches nach der Verbannung des Kaisers zum Königsregiment – le titre de Chasseurs du roi – erhoben war.

Im März 1815 verließ der Kaiser Elba. Unter dem Jubel der alten Soldaten durchzog er Frankreich. Heer und Volk ergriff der Zauber seines Namens. In wenigen Tagen war er in Paris an der Spitze einer starken Truppenmacht. Auch unser Regiment war ihm entgegengeeilt und dem kaiserlichen Adler wieder gefolgt. Nach dem Bekanntwerden des Erscheinens des Kaisers in Paris rüsteten die hohen Alliierten ihre Heere zum Kampfe. Sofort ließ auch Napoleon die Truppen zusammenziehen. Unsere Armee zog nach Norden, um Blücher und Wellington, die in den Niederlanden ihre Heere gesammelt hatten, entgegenzutreten. Wir rückten gegen die Sambre(34) vor und stießen am 15.Juni 1815 bei Thuin(35) auf eine Abteilung Preußen, die nach kurzem Gefechte sich zurückzogen. Weiter marschierten wir gegen Charleroi(35) und griffen am 17.Juni bei Quatrebas die Engländer an. Unsere starken Reitermassen drangen in die feindlichen Karrees ein. Wir vermochten aber bei der Übermacht der Engländer deren Stellung nicht zu erobern.

Am Tage nachher – 18.Juni 1815 – war die Schlacht bei Waterloo(36). Am Abende stürzten wir auf dem durch anhaltende Regengüsse aufgeweichten Boden von starkem Artilleriefeuer empfangen auf die Karrees der Engländer. Ungeheuer waren unsere Verluste. Plötzlich vernahmen wir von fern Kanonendonner. Wir glaubten, Verstärkungen nahten und drangen mutig vor. Anstatt der erwarteten Hilfe erschienen die Preußen. Die Engländer standen in dichten Reihen unbeweglich und feuerten die auf sie eindringenden Reiter nieder, ermutigt durch das Eintreffen der Preußen. Jeder Heroismus unserer Reiter war vergebens. Die Schlacht war für den Kaiser verloren. Überall Verwirrung und Flucht. Die begeisterten Rufe: "Vive l'empereur!"(37) waren verstummt. Nun ertönte aus tausend Kehlen: "Sauve qui peut, nous sommes trahis!"(38) Wir traten den Rückzug an und erreichten nach einem unbedeutenden Treffen bei St.Quentin(39) Versailles am 2. Juli 1815. Hier trafen wir mit zwei preußischen Husarenregimentern zusammen, welche wir, unterstützt von anderen Reitern und Infanterie, in hartem Straßenkampfe vielfach Mann gegen Mann, verjagten. Wir machten viele Gefangene. Die Napoleonische Zeit war nun vorüber.

Am 1. Dezember 1815 nahm ich meinen Abschied aus französischen Diensten in Montpellier(40) als capitaine adjutant major und kehrte in meine Heimat zurück.

Von dem Abschiede aus
französischen Diensten bis zum Tode

im September 1854

Im Oktober 1815 hatte ich von meinem
Oheim, dem Landrat des Kreises Mayen,
den Geheimen Regierungsrat Hartung,
welcher der besonderen Gunst, ja ich darf
sagen der Freundschaft Seiner Majestät
des Königs von Preußen gewürdigt wurde,
erfahren, daß die Rheinprovinz dem
Königreich Preußen einverleibt war. Ich
wünschte nichts mehr wie Preußen,
dessen tapferes Heer ich so hoch habe
schätzen gelernt, meine Dienste und
meine militärischen Erfahrungen anbieten
zu können. Schon früher bei meiner
Rückkehr aus der russischen
Kriegsgefangenschaft, nach der
Verbannung Napoleons auf Elba, als die

Rheinlande von Frankreich getrennt waren und unter provisorischer Verwaltung standen, hatte ich mich an den Generalgouverneur der Rheinprovinz, Herrn von Sack, mit der gehorsamsten Bitte um Anstellung in der Königlich preußischen Armee gewandt. Mir wurde aber eine abschlägige Antwort zu teil, mit der Bedeutung, ich hätte mich zu spät gemeldet.

Von Koblenz aus wiederholte ich mit Genehmigung Sr. Exzellenz des Generals von Gneisenau am 24.Januar 1816 in einer untertänigsten Bittschrift um die Anstellung in der Armee mein Gesuch an Seine Majestät den König von Preußen. Auch diesmal erhielt ich durch eine allerhöchst unterschriebene Kabinettsorder Seiner Majestät, datiert vom 5. Februar 1816, einen abschlägigen Bescheid. Diese Nachricht traf mich wie ein Donnerschlag.

Sie erfüllte mein Herz mit der tiefsten
Trauer und kränkte meinen jugendlichen
Stolz auf das Empfindlichste. Ich stand da
von allen Mitteln entblößt, ohne Obdach
und ohne Brot. Mein Vermögen hatten
häufige Unglücksfälle während meiner
12jährigen Dienstzeit aufgerieben. Zu
stolz, meinen Verwandten beschwerlich zu
fallen, verließ ich mit wahrer Verzweiflung
und mit von Wehmut zusammengepreßter
Brust im August 1816 Europa, um in einem
anderen Erdteil Linderung für meinen
Schmerz und Beschäftigung zu suchen.
Ich hoffte, daß jenseits des Ozeans mir ein
neuer Stern leuchte. Ich durchquerte Nord-
und Südamerika und trat am 16.Juni 1817
in New-York in Dienste der brasilianischen
Republik Pernambuco als Major. Dort
waren Unruhen entstanden und drohte ein
Krieg gegen Portugal. Ich fand jedoch
keine Ruhe. Mit Gewalt zog es mich nach

meiner Heimat zurück. Die Überzeugung, nur im deutschen vaterländischen Dienste könnte ich glücklich und zufrieden sein – und sei es als gemeiner Soldat – drang sich jenseits des Ozeans mächtig in mir auf. Schon am 24.August 1817 schied ich aus dem Dienste der Republik und bestieg im Dezember zu Rio de Janeiro eine Fregatte, die mich nach stürmischer Fahrt nach Lissabon brachte. Ich durchzog Spanien, dessen ritterliche Bewohner mit bewunderungswürdiger Ausdauer und Selbstaufopferung jahrelang den siegesgewohnten französischen Truppen widerstanden hatten. Die traurigen Folgen des langen Krieges waren dort noch nicht überwunden. Innere Unruhen waren ausgebrochen. Handel und Gewerbe stockte. Harte Steuerlasten drückten das Volk. Ich selbst scheute keine Arbeit, um mir die Mittel zur Erlangung des Notwendigsten zu beschaffen. Leider sah ich mich auch genötigt, so sehr es meinem alten Reiterstolz widerstrebte, mit dem Rosenkranz in der Hand mir milde Gaben zu erbetteln. In Madrid bestärkte mich in meinem Entschlusse, in das preußische Heer einzutreten, der Königlich preußische chargé d'affaires(41) Herr Oberst von Scheppeler, der mir in liebenswürdigster Weise manchen guten Rat erteilte. Von Madrid begab ich mich über Paris nach Sedan(42) ins preußische Hauptquartier.

Es gelang mir hier trotz aller Bemühungen nicht, als Freiwilliger in ein preußisches Kavallerieregiment einzutreten. Seine Exzellenz der Herr General von Zieten meinte, diese Aufopferung könne man von mir nicht verlangen. Seine Majestät werde mich noch als Offizier einstellen. Ich bestand aber auf mein Vorhaben. Ich befürchtete, daß Se.Majestät meinen Wiedereintritt in das französische Heer nach meiner Entlassung aus der russischen Gefangenschaft mit Unwillen bemerkt habe. Deshalb wollte ich durch meine Dienste als Gemeiner in einem preußischen Kavallerieregiment den unumstößlichen Beweis geben, wie sehr mir daran gelegen ist, ein Mitglied des vaterländischen Heeres zu sein. Endlich nahm mich am 18.August 1818 Herr Oberst von Colomb als freiwilligen Husar im Husaren-Regiment zu Trier an. Bereits am 12.Februar 1819 geruhte Se.Majestät allergnädigst mich zum Premierleutnant im 7. Ulanen-Regiment zu ernennen, und im August 1821wurde ich durch allerhöchste Kabinettsorder zum wirklichen Führer der 3.Eskadron (Malmedy(43)) des 25.Landwehr-Regiments ernannt.

Malmedy, den 10. Dezember 1826.

H a r t u n g.

Von Max Freiherr von Oppenheim
Zitat Anfang:

Aus den noch vorgefundenen Aufzeichnungen geht hervor, daß Herr Hartung, nachdem er als Rittmeister in Andernach und Köln gestanden hatte, dem 4. Dragoner-Regiment aggregiert und als Oberstleutnant mit der Regimentsuniform am 3. März 1848 verabschiedet worden ist. Die an ihn gerichteten Schreiben seiner Vorgesetzten beweisen, daß es ihm gelungen ist, seine Anhänglichkeit an den vaterländischen Dienst vollauf darzutun. Er wird als ein tüchtiger, in jeder Beziehung brauchbarer Kavallerieoffizier bezeichnet, der durch seine Umsicht und Kriegserfahrung sich im Felde dem Königlichen Dienste sehr nützlich machen würde.

Die durch die Feldzüge hervorgerufenen Leiden konnten auf sein körperliches Befinden nicht ohne Einfluß bleiben. Eine vollständige Ausheilung der Verwundungen erfolgte niemals. Die bei Wagram erhaltene Kugel blieb in seinem Körper. Seine Stimme hatte derart gelitten, daß sie, namentlich im Alter, zuweilen gänzlich versagte. Er starb als Witwer kinderlos zu Andernach(44) am 11. September 1854 infolge einer Schußwunde, die er sich beim Reinigen seiner Pistolen durch Unvorsichtigkeit beigebracht hatte. Man fand ihn zu Tode getroffen, noch röchelnd vor seinem Schreibtische am Boden liegend. Die Pistolen lagen neben ihm.

Schluss.

So endete das bewegte Leben dieses Dulders. Deutsch von dem Scheitel bis zur Sohle, von leidenschaftlicher Sehnsucht erfüllt, seinem Vaterlande, nachdem er es nach langen Irrfahrten wiedergefunden hatte, zu dienen. Von starkem Selbstgefühl und nicht geringerem Trotze. Bald nach der höchsten Freiheit strebend und dann sich wieder unterwerfend dem eisernen Willen eines fremden Eroberers. Was war nun das Ergebnis seines 12jährigen Lagerlebens?

*"Was war der Arbeit Ziel und Preis, der peinlichen, die ihm die Jugend stahl?" Entbehrung, Not, Gefangenschaft, Krankheit.

*"Er hat des schönen Lebens öde Küste nur wie ein umirrend Räubervolk befahren, das, in sein dumpfig enges Schiff gepreßt im wüsten Meer mit wüsten

Sitten haust, vom großen Land nichts als die Buchten kennt, wo es die Diebeslandung wagen darf." Ohne Ruhe und ohne Heimat ist er von Ort zu Ort, von Krieg zu Krieg gezogen, begleitet von Elend, Brand und Tod, niemals aufbauend, immer zerstörend.

Es war ihm nicht beschieden, zu kämpfen für das deutsche Vaterland. Er, der in 30 Schlachten furchtlos dem Tode ins Angesicht geschaut hat und auf dessen Brust manche Büchse gerichtet war, durfte nicht fallen in der Schlacht, er mußte elend auf seiner Stube durch eine Kugel zugrunde gehen.

Zitat Ende

Quelle:
Geschichte der Familie Engels in Köln und Hartung in Mayen
Von Max Freiherr von Oppenheim
*Friedrich Schiller; Wallenstein

Erklärungen und Übersetzungen

Die Lagebeschreibungen der Orte dient zur groben Übersicht. Hierdurch soll verdeutlicht werden, wo sich der Soldat Hartung zu diesem Zeitpunkt befand. Es wird, soweit nichts anderes beschrieben ist, von der heutigen politisch–geographischen Lage ausgegangen. Die jetzigen Ortsnamen befinden sich in Klammern.

Der zu erklärende Teil ist auf der linken Seite des Buches, die Erklärung selbst auf der rechten aufgeführt.

Orte, Flüsse, Fremdwörter und franz. Texte

1 Präbende:

2 Kanonikus:

3 Mayen:

4 Chasseur–Regiment:

5 Chasseur à cheval:

6 Bruges:

7 inrolliert:

8 Bienvenue:

9 Eskadron:

10 Remontepferden:

Erklärungen und Übersetzungen

Unterhalt

Ein Geistlicher der weder ein Gelübde abgelegt noch eine Priesterweihe empfangen musste

Ort südlich von Bonn, westlich von Koblenz

Jäger-Regiment

Berittene Jäger

Brügge

Offiziell aufgenommen / eingetragen

Willkommen

Einheit der Kavallerie

Pferde die sich noch in der Ausbildung befinden

Orte, Flüsse, Fremdwörter und franz. Texte

11 Ce jeune homme parait être de bonne familie.:

12 Boulogne, Ambleteuse:

13 Austerlitz:

14 Bulletins:

15 Auerstädt:

16 Posen:

17 Bug:

18 Pultusk und Golymin:

Erklärungen und Übersetzungen

Dieser junge Mann scheint aus guter Familie zu sein.

Küstenorten in Frankreich, südwestlich von Calais

Ort in der Tschechische Republik (Slavkov u Brna) ca. 20 km östlich von Brünn (Brno), nördlich von Wien und Bratislava

Berichten

Heute: Auerstedt; Ort in Thüringen, nördlich von Jena - Doppelschlacht von Jena und Auerstedt -

Stadt in Polen (Poznan), liegt mittig zwischen Berlin und Warschau

Fluss, fließt u.a. nördlich von Warschau

Orte nördlich von Warschau

Orte, Flüsse, Fremdwörter und franz. Texte

19 Heilsberg i.Ostpreußen:

20 Pr.Eylau:

21 Friedland:

22 Sieradz:

23 Amberg:

24 Insurrektion:

25 Raab:

Erklärungen und Übersetzungen

Nördliches Polen, in der Nähe der russischen Grenze (Kaliningrader Gebiet) , südlich von Königsberg (Kaliningrad)

Preußisch Eylau, Ort in Russland (Kaliningrader Gebiet), südlich von Königsberg (Kaliningrad)

Ort in Russland (Kaliningrader Gebiet), östlich von Pr. Eylau, südöstlich von Königsberg (Kaliningrad)

Ort südlich zwischen Posen und Warschau, zwischen Breslau und Warschau, südwestlich von Lodsch (Lodz), (Mittelpolen)

Ort östlich von Nürnberg

Ungarisches Adelsaufgebot

Stadt im Nordwesten Ungarns, in der Nähe der slowakischen Grenze, zwischen Wien und Budapest

Orte, Flüsse, Fremdwörter und franz. Texte

26 Lobau:

27 Wagram:

28 Niemen:

29 Mohilef:

30 Smolensk:

31 Borodino:

32 Fouragieren:

33 Dorogobaz u. Wiasma:

34 Sambre:

Erklärungen und Übersetzungen

Gemarkung im südöstlichen Teil Wiens

Deutsch–Wagram, Stadt grenzt nordöstlich an Wien

Deutsch: Memel; fließt durch Weißrussland, Litauen und Russland (Kaliningrader Gebiet)

Vermutlich das heutige Mogilev, Stadt am östlichen Rand Weißrusslands

Stadt am westlichen Rand Russlands, nahe der weißrussischen Grenze

Ort ca. 115 Km westlich von Moskau entfernt

Pferdefutter herbeischaffen

Orte zwischen Moskau und Mogilev gelegen

Französisch / belgischer Fluss

Orte, Flüsse, Fremdwörter und franz. Texte

35 Thuin, Charleroi:

36 Waterloo:

37 "Vive l'empereur!:

38 "Sauve qui peut, nous sommes trahis!":

39 St.Quentin:

40 Montpellier:

41 chargé d'affaires:

42 Sedan:

43 Malmedy:

44 Andernach:

Erklärungen und Übersetzungen

Städte in Belgien, südlich von Brüssel

Ort in Belgien, ca. 15 Km südlich von Brüssel

Es lebe der Kaiser!

Rette sich wer kann, wir sind verraten!

Stadt im Nordosten Frankreichs, zwischen Paris und Brüssel gelegen

Stadt an der französischen Mittelmeerküste

Geschäftsträger

Stadt im Nordosten Frankreichs, nahe der belgischen Grenze

Stadt in Belgien, damals in Preußen

Stadt ca. 20 Km nordöstlich von seinem Geburtsort Mayen entfernt